Autores del programa

Peter Afflerbach
Camille Blachowicz
Candy Dawson Boyd
Elena Izquierdo
Connie Juel
Edward Kame'enui
Donald Leu
Jeanne R. Paratore

P. David Pearson
Sam Sebesta
Deborah Simmons
Alfred Tatum
Sharon Vaughn
Susan Watts Taffe
Karen Kring Wixson

Autores del programa en español

Kathy C. Escamilla
Antonio Fierro

Mary Esther Huerta
Elena Izquierdo

Glenview, Illinois • Boston, Massachusetts • Chandler, Arizona
Upper Saddle River, New Jersey

*Dedicamos Calle de la Lectura a
Peter Jovanovich.*

*Su sabiduría, valentía
y pasión por la educación
son una inspiración para todos.*

Acerca del ilustrador de la cubierta
A Rob Hefferan le gusta rememorar los tiempos sencillos de su niñez en Cheshire, cuando su mayor preocupación era si comer palitos de pescado o Alfabeti Spagueti con el té. Las caras, los colores y las figuras de esa época son una inspiración siempre presente en su obra artística.

Acknowlegements appear on page 144, which constitute an extension of this copyright page.

Copyright © 2011 by Pearson Education, Inc., or its affiliates. All Rights Reserved. Printed in the United States of America. This publication is protected by copyright, and permission should be obtained from the publisher prior to any prohibited reproduction, storage in a retrieval system, or transmission in any form or by any means, electronic, mechanical, photocopying, recording, or likewise. For information regarding permissions, write to Pearson Curriculum Group Rights & Permissions, One Lake Street, Upper Saddle River, New Jersey 07458.

Pearson, Scott Foresman, and Pearson Scott Foresman are trademarks, in the U.S. and/or other countries, of Pearson Education, Inc., or its affiliates.

ISBN-13: 978-0-328-48728-8
ISBN-10: 0-328-48728-7
2 3 4 5 6 7 8 9 10 V011 14 13 12 11 10
CC1

Querido lector:

¿Estás listo para una aventura? En nuestro próximo paseo por la Calle de la Lectura vamos a escalar una montaña, a visitar el lugar más frío del planeta y a volar sobre la ciudad de Nueva York. ¿Listo?

El Osito Beto dice: "Recuerden todas las sílabas y palabras que han aprendido, porque las vamos a necesitar".

¡Sigamos adelante!

Cordialmente,

Los autores

Unidad 4: Contenido

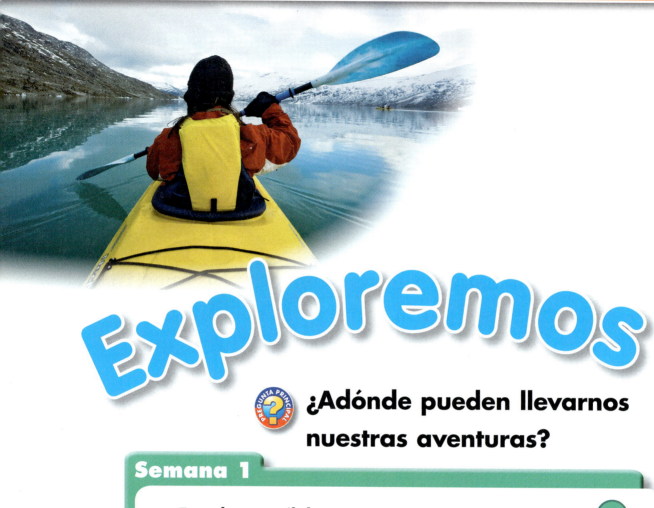

Exploremos

¿Adónde pueden llevarnos nuestras aventuras?

Semana 1

Escuchemos sílabas 12

Comprensión: Secuencia. 14

Fonética y Palabras de uso frecuente. 16

¡Ya puedo leer! Librito de fonética 19

   El sueño de la niña 18

Cuento fantástico con animales • Estudios Sociales
Nano y sus amigos por Ivar Da Coll
Volver a contar/Piensa, habla y escribe 26

Superlibro

¡Aprendamos! 28

¡Practícalo! Canción de cuna 30

Semana 2

Escuchemos sílabas 32

Comprensión: Causa y efecto 34

Fonética y Palabras de uso frecuente 36

¡Ya puedo leer! Librito de fonética 20

   Paseo en buque 38

Libro

Cuento fantástico con animales • Estudios Sociales
Mi día de suerte por Keiko Kasza

Volver a contar/Piensa, habla y escribe 46

¡Aprendamos! 48

¡Practícalo! Fábula 50

Unidad 4: Contenido

Semana 3

Escuchemos sílabas 52

Comprensión: Secuencia. 54

Fonética y Palabras de uso frecuente. 56

¡Ya puedo leer! Librito de fonética 21

    La vaca Vanesa 58

Cuento fantástico • Estudios Sociales
Nubes para una fiesta por Julia San Miguel

Volver a contar/Piensa, habla y escribe 66

Superlibro

¡Aprendamos! 68

¡Practícalo! Instrucciones 70

Semana 4

Escuchemos sílabas 72

Comprensión: Elementos literarios 74

Fonética y Palabras de uso frecuente. 76

¡Ya puedo leer! Librito de fonética 22

    José toca todo 78

Cuento fantástico con animales • Estudios Sociales
La gran montaña por José A. Delgado

Volver a contar/Piensa, habla y escribe 86

Libro

¡Aprendamos! 88

¡Practícalo! Cuento folclórico 90

Semana 5

Escuchemos sonidos 92

Comprensión: Clasificar y categorizar 94

Fonética y Palabras de uso frecuente 96

¡Ya puedo leer! Librito de fonética 23

　　Pollito Piquillo 98

Superlibro

No ficción • Ciencias
Si pudieras ir a la Antártida por Fay Robinson

Volver a contar/Piensa, habla y escribe 106

¡Aprendamos! 108

¡Practícalo! Rima infantil 110

Semana 6

Escuchemos sonidos 112

Comprensión: Elementos literarios 114

Fonética y Palabras de uso frecuente 116

¡Ya puedo leer! Librito de fonética 24

　　Karina en la kermés 118

Libro

Cuento fantástico • Estudios Sociales
Abuela por Arthur Dorros

Volver a contar/Piensa, habla y escribe 126

¡Aprendamos! 128

¡Practícalo! Texto expositivo 130

CALLE DE LA LECTURA ¡El camino digital!

Don Leu
Experto en Internet

La naturaleza de la lectura y el aprendizaje cambia ante nuestros propios ojos. La Internet y otras tecnologías crean nuevas oportunidades, nuevas soluciones y nuevos conocimientos. Para trabajar en línea hacen falta nuevas destrezas de comprensión de lectura. Estas destrezas son cada vez más importantes para nuestros estudiantes y nuestra sociedad.

Nosotros, los miembros del equipo de Calle de la Lectura, estamos aquí para ayudarte en este nuevo y emocionante viaje.

¡Míralo!

- Video de la pregunta principal
- Video de Hablar del concepto
- Animaciones de ¡Imagínalo!
- Libritos electrónicos

¡Escúchalo!

- Animaciones de *Cantemos juntos*
- Selecciones electrónicas
- GramatiRitmos

Tino y Tina comieron peras.

¡Hazlo!

- Ordenacuentos
- Libritos electrónicos
- Fichas electrónicas de letras

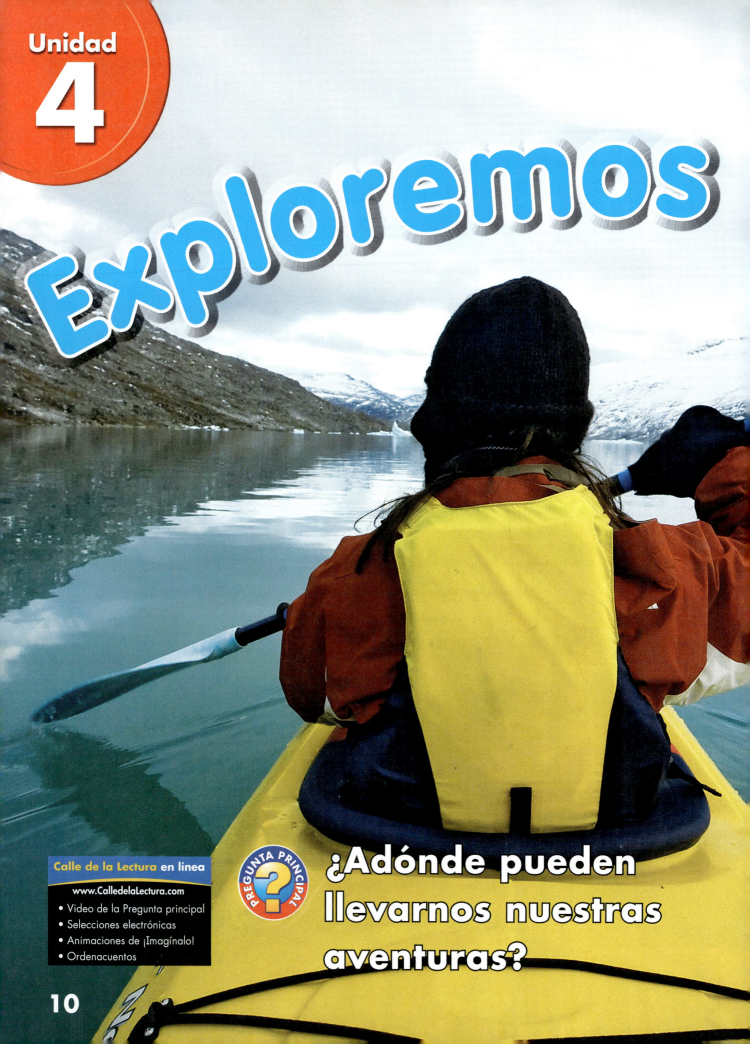

Objetivos
• Combinar sonidos para formar sílabas y palabras. • Decir con qué sílaba empieza una palabra.

Conciencia fonológica

Escuchemos

Sílabas

- Busca el ñame. Di: "ñame". ¿Con qué sílaba empieza *ñame*?

- Busca la araña. Di: "araña". ¿Con qué sílaba termina *araña*?

- Escucha estas palabras: *leña/niña; moño/piñata*. ¿Qué par de palabras terminan con la misma sílaba?

- Combina estas sílabas: /ni/ /ña/. ¿Qué palabra forman? Sí, *niña*. Busca la niña.

CALLE DE LA LECTURA EN LÍNEA
VIDEO DE LA PREGUNTA PRINCIPAL
www.CalledelaLectura.com

Objetivos
- Describir en orden los sucesos de un cuento.

Comprensión

¡Imagínalo!
Secuencia

CALLE DE LA LECTURA EN LÍNEA
ANIMACIONES DE ¡IMAGÍNALO!
www.CalledelaLectura.com

Objetivos
• Leer sílabas. • Leer sílabas y palabras solas y en un texto. • Saber que al cambiar, añadir o quitar sílabas se forman palabras nuevas.

Fonética
Sílabas con *ñ*

Sonidos y sílabas que puedo combinar

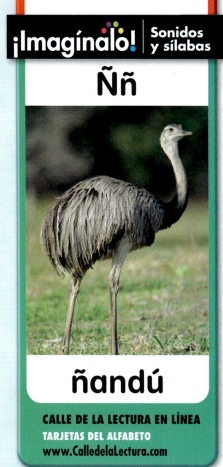

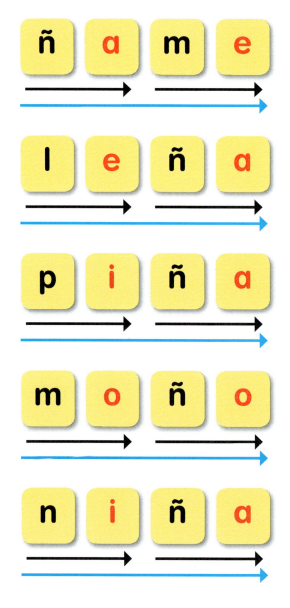

Palabras de uso frecuente

Palabras que puedo leer

amigos

todos

Oraciones que puedo leer

1. Todos somos amigos.
2. La niña come ñame.
3. Mira la cabaña.

Objetivos
- Leer sílabas. • Leer sílabas y palabras solas y en un texto.
- Conocer el vocabulario adecuado al nivel del grado, con palabras de contenido y funcionales.

Fonética

Librito de fonética

- **Sílabas con ñ**
  doña
  mañana
  moño
  muñecos
  niña
  otoño
  sueña
  sueño

- **Palabras de uso frecuente**
  amigos
  dijo
  el
  en
  es
  la
  su
  todos
  un

▲ Lee el cuento.

CALLE DE LA LECTURA EN LÍNEA
LIBRITOS ELECTRÓNICOS DE FONÉTICA
www.CalledelaLectura.com

Librito de fonética 19

El sueño de la niña

por Delia Etchegoimberry

La niña está en la cama con todos sus muñecos. La niña sueña.

En el sueño, la niña y su mamá suben por la montaña.

Por el camino sube doña Luna
y saluda a sus amigos.

La niña dijo:
—¿Le ponemos un moño?

La mamá dijo:
—Mañana es otoño.

—Mañana subimos a la Luna.

—¡Y un moño tú le das!

Objetivos
• Identificar el ambiente, los protagonistas y los sucesos clave de un cuento. • Contar en palabras propias un suceso de un cuento leído en voz alta. • Volver a contar o representar sucesos importantes de los cuentos.

¡Imagínalo! | Volver a contar

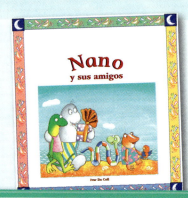

Superlibro

CALLE DE LA LECTURA EN LÍNEA
ORDENACUENTOS
www.CalledelaLectura.com

Piensa, habla y escribe

1. ¿Te gustaría tener un amigo como Goyo? ¿Por qué? **El texto y tú**

2. ¿Qué hace primero en el cuento Nano? ¿Qué hace por último?

Secuencia

3. Mira de nuevo y escribe.

Objetivos
- Entender y usar palabras que nombren acciones, direcciones, posiciones, secuencias y lugares.
- Escuchar atentamente, mirando a la otra persona, y hacer preguntas para aclarar la información.
- Seguir instrucciones oídas de una secuencia corta de acciones.

¡Aprendamos!

Vocabulario
- Habla de las ilustraciones.
- ¿Qué hiciste antes de venir a la escuela?
- ¿Qué harás al salir de la escuela?
- Formen una fila. ¿Quién está al principio de la fila? ¿Quién está al final?

Escuchar y hablar
- Muestra la nariz del Osito Beto.
- Muestra la boca del Osito Beto.
- Muestra la oreja del Osito Beto.
- Muestra la pata del Osito Beto.

Vocabulario

Secuencia

antes

después

principio

final

Escuchar y hablar

Instrucciones

¡Habla con claridad!

Objetivos
• Hacer y contestar preguntas sobre textos leídos en voz alta. • Reconocer frases y personajes de cuentos de diferentes culturas. • Comentar las razones de leer y escuchar diversos tipos de textos.

¡Practícalo!

Canción de cuna

- 🔵 Escucha la canción de cuna.
- 🟪 ¿Qué versos se repiten?
- 🔺 ¿Qué animales tiene esta canción de cuna? ¿Qué hacen?
- ⭐ ¿Para qué son las canciones de cuna? ¿Cómo lo logran?

Todos duermen ya

30

Objetivos
• Decir con qué sílaba empieza una palabra. • Dividir en sílabas palabras de dos o tres sílabas.

Conciencia fonológica

Escuchemos

Sílabas

● Busca el quitasol. Di: "quitasol". Separa *quitasol* en sílabas. Di las sílabas.

■ Di: "queso", "quebrada". ¿Con qué sílaba empiezan estas palabras?

▲ Busca el buque. Di: "buque". ¿Con qué sílaba termina *buque*?

★ Escucha estas palabras: *vaquero, paquete.* ¿Qué sílaba oyes en la mitad?

CALLE DE LA LECTURA EN LÍNEA
VIDEO DE LA PREGUNTA PRINCIPAL
www.CalledelaLectura.com

Objetivos
- Identificar qué pasa en un texto y por qué.

Comprensión

¡Imagínalo!

Causa y efecto

CALLE DE LA LECTURA EN LÍNEA
ANIMACIONES DE ¡IMAGÍNALO!
www.CalledelaLectura.com

34

Objetivos
- Leer sílabas. • Leer sílabas y palabras solas y en un texto. • Saber que al cambiar, añadir o quitar sílabas se forman palabras nuevas.

¡Imagínalo! | Sonidos y sílabas

Qq

queso

CALLE DE LA LECTURA EN LÍNEA
TARJETAS DEL ALFABETO
www.CalledelaLectura.com

Fonética

Sílabas *que, qui*

Sonidos y sílabas que puedo combinar

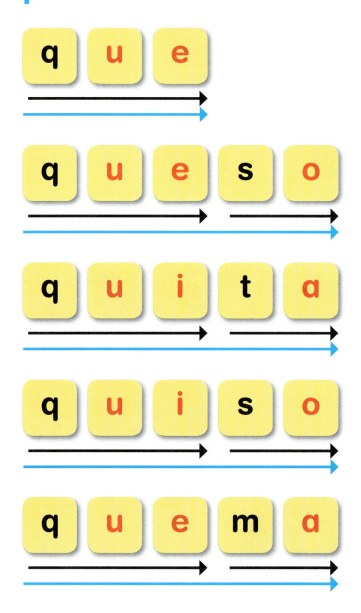

Palabras de uso frecuente

Palabras que puedo leer

lo

ya

Oraciones que puedo leer

1. Como pan con queso.
2. Ya no queda nada.
3. Me lo dijo Quique.

Objetivos
- Leer sílabas. • Leer sílabas y palabras solas y en un texto.
- Conocer el vocabulario adecuado al nivel del grado, con palabras de contenido y funcionales.

Librito de fonética

- **Sílabas *que, qui***
  buque
  chiquito
  Paquito
  piquito
  que
  queso
  Quica

- **Palabras de uso frecuente**
  de
  el
  en
  es
  la
  lo
  me
  mi
  mira
  su
  un
  ya

▲ Lee el cuento.

CALLE DE LA LECTURA EN LÍNEA
LIBRITOS ELECTRÓNICOS DE FONÉTICA
www.CalledelaLectura.com

Librito de fonética 20

Paseo en buque

por Patricia Abello

Quica pasea en buque.
Su papá está a su lado.

—Mira esa paloma, Quica.
Tiene el piquito rosado.

—Mira ese sapo chiquito, Quica. ¡Cómo nada!

—Mira el agua que cae, Quica. ¡Qué bonito!

—Mira esa casa en la loma, papá. Es como la de mi abuelo Paquito.

—Mira esa nube, Quica.
¿Cómo es?

—¡Es como un queso!
¡Ya me la como!

Objetivos
- Contar en palabras propias un suceso de un cuento leído en voz alta.
- Describir los personajes de un cuento y explicar por qué hacen lo que hacen.
- Volver a contar o representar sucesos importantes de los cuentos.

¡Imagínalo! Volver a contar

Libro

CALLE DE LA LECTURA EN LÍNEA
ORDENACUENTOS
www.CalledelaLectura.com

Piensa, habla y escribe

1. Habla de una aventura en que hayas tenido suerte. **El texto y tú**

2. ¿Qué le hace el zorro al cerdito? ¿Por qué lo hace?

Causa y efecto

3. Mira de nuevo y escribe.

Objetivos
- Identificar y clasificar dibujos de objetos en grupos. • Escuchar atentamente, mirando a la otra persona, y hacer preguntas para aclarar la información. • Seguir las normas de conversación, hablar cuando toque el turno y hablar una persona a la vez.

¡Aprendamos!

Vocabulario
- Nombra los objetos de cada una de la ilustraciones.
- ■ Busca algo suave.
- ▲ Busca algo rugoso.
- ★ Busca algo lanudo.
- ♥ Busca algo puntiagudo.

Escuchar y hablar
- ¿En qué se parecen el desayuno y la cena?
- ■ ¿En qué se diferencian el desayuno y la cena?
- ▲ ¿En qué se parecen un cerdo y un zorro?
- ★ ¿En qué se diferencian un cerdo y un zorro?

Vocabulario
Texturas

suave

rugoso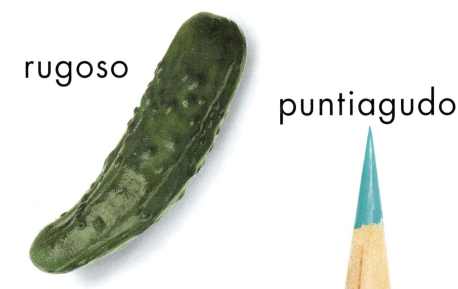

puntiagudo

lanudo

48

Escuchar y hablar

Comparar y contrastar

¡Sé un buen oyente!

Objetivos
• Comentar la idea principal (el tema) de un cuento folclórico popular o de una fábula popular y conectarla con la vida propia. • Describir los personajes de un cuento y explicar por qué hacen lo que hacen.

¡Practícalo!

Fábula

- Escucha la fábula.
- ¿Por qué el cuervo no puede beber el agua?
- ¿Por qué el cuervo echa piedritas dentro de la jarra?
- ¿Qué lección enseña la fábula?
- ¿Cuándo has hecho algo poquito a poco? Cuéntalo.

El cuervo y la jarra

50

Objetivos
• Combinar sonidos para formar sílabas y palabras. • Decir con qué sílaba empieza una palabra.

Conciencia fonológica

Escuchemos

Leamos juntos

Sílabas

- Di: "vaso", "vaca". ¿Con qué sílaba empiezan estas palabras?

- Busca el pavo. Di: "pavo". ¿Con qué sílaba termina *pavo*?

- Busca un animal que empiece con la sílaba *ve*. ¿Ves otro animal que tiene la sílaba *ve* en la mitad?

- Combina estas sílabas: /ve/ /la/. ¿Qué palabra forman? Sí, *vela*. Busca la vela.

CALLE DE LA LECTURA EN LÍNEA
VIDEO DE LA PREGUNTA PRINCIPAL
www.CalledelaLectura.com

Objetivos
• Describir en orden los sucesos de un cuento.

Comprensión

¡Imagínalo!
Secuencia

CALLE DE LA LECTURA EN LÍNEA
ANIMACIONES DE ¡IMAGÍNALO!
www.CalledelaLectura.com

Objetivos

• Leer sílabas. • Leer sílabas y palabras solas y en un texto. • Saber que al cambiar, añadir o quitar sílabas se forman palabras nuevas.

Fonética

🎯 Sílabas con v

Sonidos y sílabas que puedo combinar

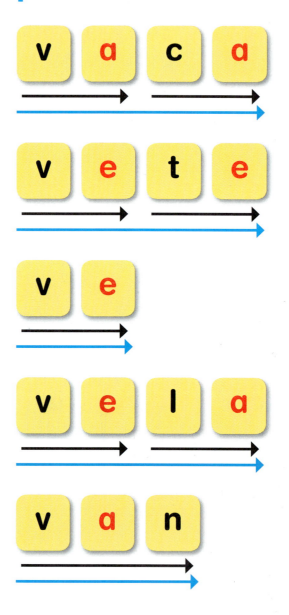

Palabras de uso frecuente

Palabras que puedo leer

día

estaba

Oraciones que puedo leer

1. La vaquita estaba sola.
2. La visita vino de día.
3. Vamos a ver los venados.

Objetivos
- Leer sílabas. • Leer sílabas y palabras solas y en un texto.
- Conocer el vocabulario adecuado al nivel del grado, con palabras de contenido y funcionales.

Fonética

Librito de fonética

- **Sílabas con v**
  nieve
  tuvo
  Vanesa
  vaquita
  ve
  Vivi

- **Palabras de uso frecuente**
  día
  es
  estaba
  lo
  muy
  no
  su
  un
  ya

▲ Lee el cuento.

CALLE DE LA LECTURA EN LÍNEA
LIBRITOS ELECTRÓNICOS DE FONÉTICA
www.CalledelaLectura.com

Librito de fonética 21

La vaca Vanesa

por Ana María Abello Uribe

Vanesa la vaca famosa

Vivi tiene una vaquita.
Vanesa es su vaquita.

Vanesa da leche cada mañana.
Vivi toma rica leche.

Un día Vanesa no dio leche.
Se acabó su risa.
No estaba animada.

¿Qué le pasa a Vanesa?
Ya no tiene comida.
La tapó la nieve.

Un día la nieve se fue.

¡Qué rico!
Vanesa tuvo mucha comida
y buena leche dio.

Así, la vaquita Vanesa
fue muy famosa.

Objetivos
• Contar en palabras propias un suceso de un cuento leído en voz alta.
• Volver a contar o representar sucesos importantes de los cuentos.
• Describir en orden los sucesos de un cuento.

¡Imagínalo! Volver a contar

Superlibro

CALLE DE LA LECTURA EN LÍNEA
ORDENACUENTOS
www.CalledelaLectura.com

Piensa, habla y escribe

1. ¿Qué tienen en común Lunita y Ainhoa? **De texto a texto**

2. ¿Qué pasa primero en el cuento? ¿Qué pasa por último?

 Secuencia

3. Mira de nuevo y escribe.

Objetivos
- Identificar y clasificar dibujos de objetos en grupos. • Escuchar atentamente, mirando a la otra persona, y hacer preguntas para aclarar la información. • Comentar información e ideas de manera clara, usando las normas del lenguaje.

¡Aprendamos!

Vocabulario
- 🔵 Busca algo que tenga forma de corazón.
- 🟪 Busca algo que tenga forma de estrella.
- 🔺 Busca algo que tenga forma de óvalo.
- ⭐ Busca algo que tenga forma de diamante.
- 🧡 ¿Qué figura te gusta más?

Escuchar y hablar
- 🔵 ¿De qué color es la nube al principio?
- 🟪 ¿De qué color es al final?
- 🔺 ¿Qué pasa antes de que llueva?
- ⭐ ¿Qué pasa después?

Vocabulario

Figuras

corazón 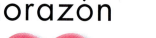 estrella

óvalo diamante

Escuchar y hablar

Secuencia

¡Sé un buen oyente!

Objetivos
- Decir de qué trata un texto informativo leído en voz alta. • Seguir instrucciones dibujadas. • Examinar la portada, el título, las ilustraciones y el argumento para ir más allá de lo que dice el autor.

¡Haz un kazoo!

¡Practícalo!

Instrucciones

- ● Escucha las instrucciones.
- ■ ¿Qué te dicen las instrucciones?
- ▲ ¿Cuál es el segundo paso?
- ★ ¿Cómo le parece al niño su kazoo? ¿Cómo lo sabes?
- ♥ Habla de una cosa que hayas hecho. ¿Qué usaste? ¿Qué hiciste?

Paso 1

70

Paso 2

Paso 3

Paso 4

Objetivos
• Decir una palabra que rime con otra. • Combinar sonidos para formar sílabas y palabras. • Decir con qué sílaba empieza una palabra.

Conciencia fonológica

Escuchemos

Sílabas

● Di: "jinete", "jirafa". ¿Con qué sílaba empiezan estas palabras?

■ Busca el conejo. Di: "conejo". ¿Con qué sílaba termina *conejo*?

▲ Escucha estas palabras: *jugo, juguetes*. ¿Con qué sílaba empiezan estas palabras?

★ Combina estas sílabas: /ja/ /bón/. ¿Qué palabra forman? Sí, jabón. Busca el *jabón*. ¿Qué palabra rima con *jabón*?

Leamos juntos

CALLE DE LA LECTURA EN LÍNEA
VIDEO DE LA PREGUNTA PRINCIPAL
www.CalledelaLectura.com

Objetivos
- Identificar el ambiente, los protagonistas y los sucesos clave de un cuento.
- Describir los personajes de un cuento y explicar por qué hacen lo que hacen.

Comprensión

¡Imagínalo!
Elementos literarios

CALLE DE LA LECTURA EN LÍNEA
ANIMACIONES DE ¡IMAGÍNALO!
www.CalledelaLectura.com

Personajes

Ambiente

74

Argumento

Objetivos
• Leer sílabas. • Leer sílabas y palabras solas y en un texto.

Fonética
Sílabas con *j*

Sonidos y sílabas que puedo combinar

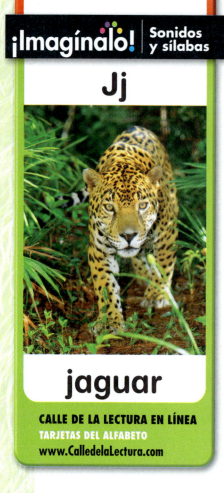

jaguar

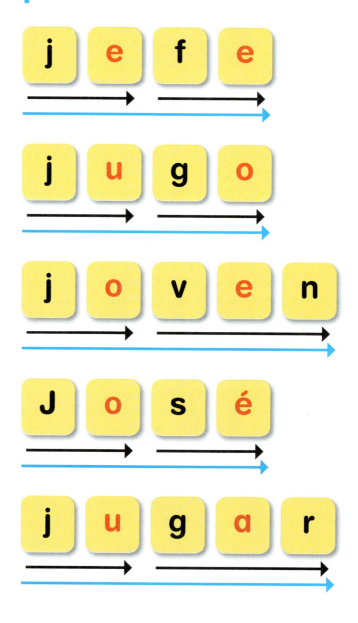

Palabras de uso frecuente

Palabras que puedo leer

cuando

después

Oraciones que puedo leer

1. El jinete mira a un conejo.
2. Después de jugar, tomamos jugo.
3. Deja la caja cuando vengas.

Objetivos
- Leer sílabas. • Leer sílabas y palabras solas y en un texto.
- Conocer el vocabulario adecuado al nivel del grado, con palabras de contenido y funcionales.

Fonética

¡Ya puedo leer!

Librito de fonética

- **Sílabas con *j***
  caja
  conejo
  dijo
  José
  jugo
  masajitos
  ojo
  roja
  sonaja

- **Palabras de uso frecuente**
  cuando
  de
  después
  dijo
  el
  en
  la
  las
  mami
  mira
  no
  su
  un

▲ Lee el cuento.

CALLE DE LA LECTURA EN LÍNEA
LIBRITOS ELECTRÓNICOS DE FONÉTICA
www.CalledelaLectura.com

Librito de fonética 22

José toca todo
por María Leticia Vidal

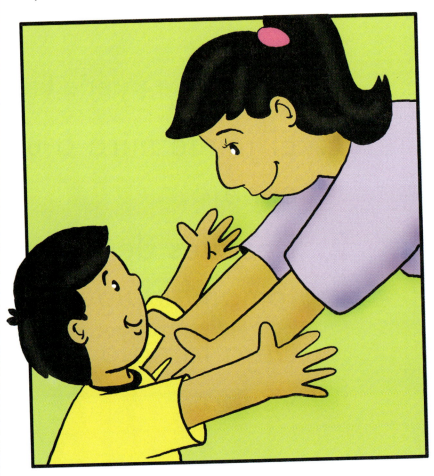

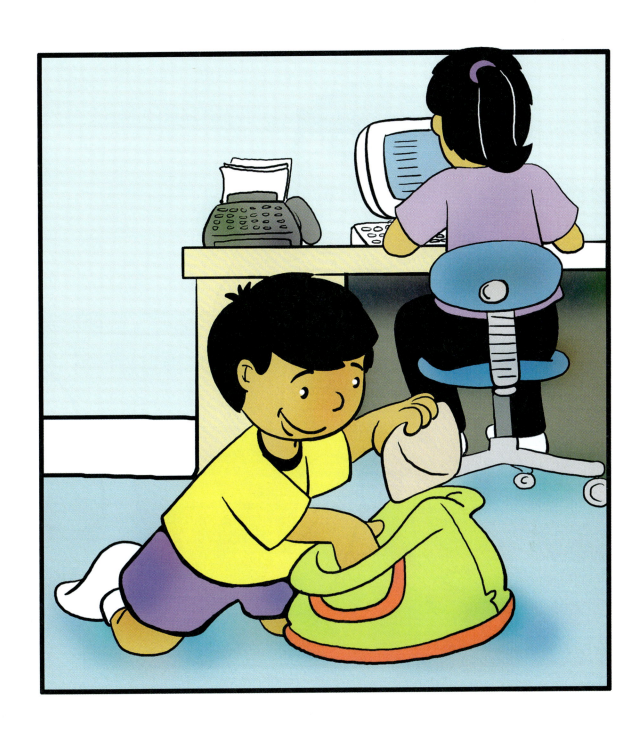

José toca todo cuando mami no mira.

Saca su sonaja roja.
La toca.
Después se la mete a la boca.

Mete la mano en la caja.
Saca un conejo de peluche.

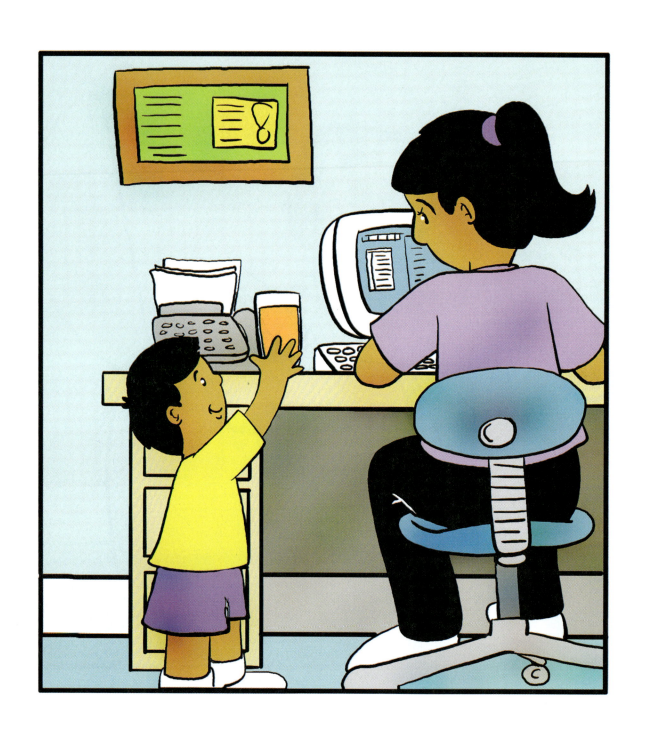

José ve el vaso de jugo.

Mami le dijo:
—No, José. ¡Ojo!

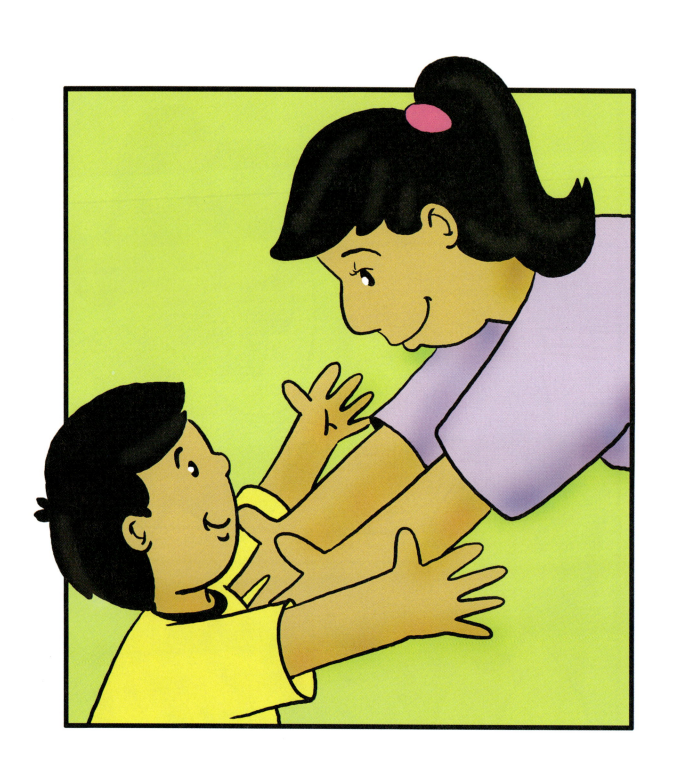

Mamá lo toma en las manos.

¡José ama los masajitos y besos de mami!

Objetivos

- Identificar el ambiente, los protagonistas y los sucesos clave de un cuento. • Contar en palabras propias un suceso de un cuento leído en voz alta. • Describir los personajes de un cuento y explicar por qué hacen lo que hacen.

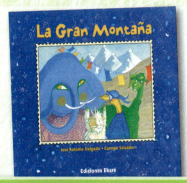

Libro

¡Imagínalo! | Volver a contar

CALLE DE LA LECTURA EN LÍNEA
ORDENACUENTOS
www.CalledelaLectura.com

Piensa, habla y escribe

1. ¿Qué ven los amigos al final de su aventura? **El texto y el mundo**

2. ¿Qué personaje es de *La gran montaña*?

Elementos literarios: Personaje

3. Mira de nuevo y escribe.

Objetivos
- Entender que las palabras compuestas se forman de la unión de dos palabras.
- Comentar información e ideas de manera clara, usando las normas del lenguaje.

¡Aprendamos!

Vocabulario
- Habla de las ilustraciones.
- ■ Combina las palabras *abre* y *latas* en una palabra.
- ▲ Divide la palabra *rompecabezas* en dos.

Escuchar y hablar
- ¿Te gustaría escribir libros o te gustaría ilustrarlos? Di por qué.

Vocabulario

Palabras compuestas

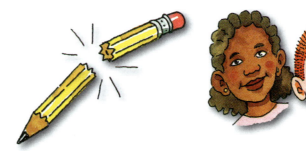

rompe + cabezas = rompecabezas

rompecabezas

abre + latas = abrelatas

Escuchar y hablar

Autores e ilustradores

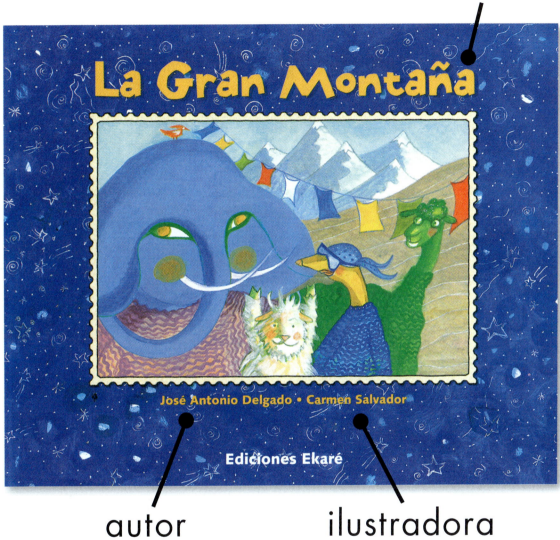

título

autor

ilustradora

¡Habla con claridad!

Objetivos
• Identificar el ambiente, los protagonistas y los sucesos clave de un cuento. • Comentar la idea principal (el tema) de un cuento folclórico popular o de una fábula popular y conectarla con la vida propia.

¡Practícalo!

Cuento folclórico

- Escucha el cuento folclórico.
- ¿Cómo empieza el cuento? ¿Cuándo y dónde sucede?
- Dicta o escribe oraciones para contar este cuento.
- ¿En qué se parecen los personajes a los de "Los tres cerditos"?
- ¿Qué lección enseña el cuento? ¿Cómo te puede ayudar esa lección?

La mosca salva al río

Objetivos
• Reconocer grupos de palabras que empiezan con el mismo sonido.
• Dividir en sílabas palabras de dos o tres sílabas.

Conciencia fonológica

Escuchemos

Sonidos

● Busca la sombrilla. Di: "sombrilla". Separa *sombrilla* en sílabas. Di las sílabas.

■ Di: "llave", "llama". ¿Con qué sonido empiezan estas palabras?

▲ Escucha estas palabras: *lluvia/lana; llora/llega*. ¿Qué par de palabras empiezan con el mismo sonido?

CALLE DE LA LECTURA EN LÍNEA
VIDEO DE LA PREGUNTA PRINCIPAL
www.CalledelaLectura.com

Leamos juntos

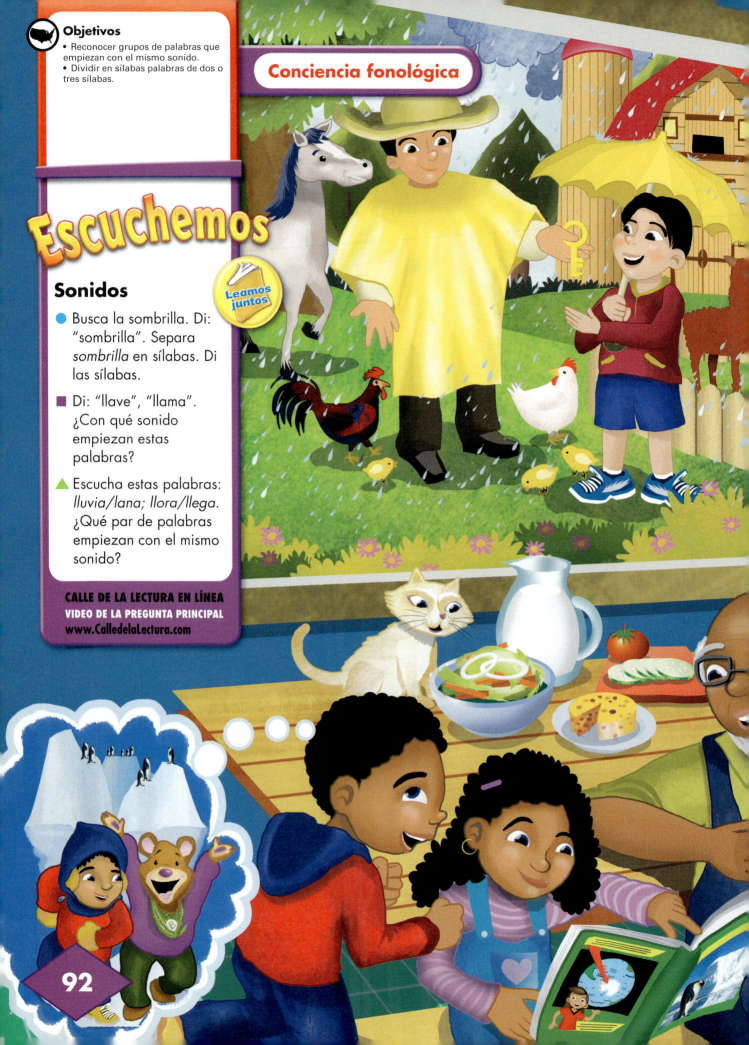

Objetivos
- Identificar y clasificar dibujos de objetos en grupos.

Comprensión

¡Imagínalo!

Clasificar y categorizar

CALLE DE LA LECTURA EN LÍNEA
ANIMACIONES DE ¡IMAGÍNALO!
www.CalledelaLectura.com

94

Objetivos

• Leer sílabas. • Saber que la "ll" y la "y" tienen el mismo sonido. • Leer sílabas y palabras solas y en un texto.

Fonética

Sílabas con *ll*

Sonidos y sílabas que puedo combinar

Ll/ll

llave

CALLE DE LA LECTURA EN LÍNEA
TARJETAS DEL ALFABETO
www.CalledelaLectura.com

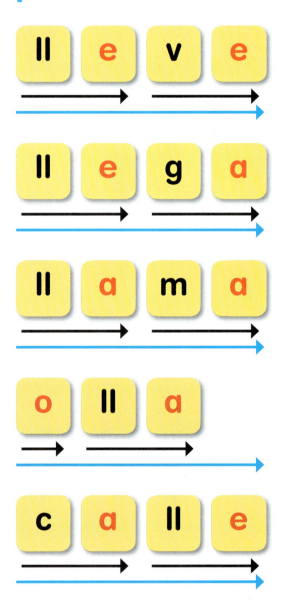

ll e v e

ll e g a

ll a m a

o ll a

c a ll e

Palabras de uso frecuente

Palabras que puedo leer

ir

para

Oraciones que puedo leer

1. Lleva la llave a la calle.
2. Vamos a ir a caballo.
3. Llamo para saludar.

Objetivos
• Saber que la "ll" y la "y" tienen el mismo sonido. • Leer sílabas y palabras solas y en un texto.
• Conocer el vocabulario adecuado al nivel del grado, con palabras de contenido y funcionales.

Fonética

Librito de fonética

- **Sílabas con ll**

anillo	llave
bulla	llega
caballo	lleva
calla	llueva
callado	olla
calle	ovillo
camello	Piquillo
gallina	pollito
gallo	sello
llama	semilla

- **Palabras de uso frecuente**

de	mami
después	mi
el	muy
en	para
es	su
ir	un
la	yo
lo	

▲ Lee el cuento.

CALLE DE LA LECTURA EN LÍNEA
LIBRITOS ELECTRÓNICOS DE FONÉTICA
www.CalledelaLectura.com

Librito de fonética 23

Pollito Piquillo

por Sonia Otamendi

Es de mañana.
Hay mucha bulla.
Pollito Piquillo sale muy callado para ir a la calle.

Ve un anillo, una semilla,
un sello, una llave y un ovillo.
Se lleva todo.

El gallo lo llama.
Pollito Piquillo le da el sello.

Pollito Piquillo le da el ovillo a su mami.
La gallina teje.

—El anillo es para
mi amigo el caballo.
La llave es para
mi amigo el camello.

Pollito Piquillo pone
la semilla en una olla.
Ojalá llueva.

Después se acaba la bulla.
Ya todo calla.
Llega la noche.

Objetivos
- Volver a contar los hechos de un texto oído o leído.
- Hacer conexiones entre lo leído y las experiencias personales, las ideas de otros textos y la comunidad, y comentar evidencia del texto.

¡Imagínalo! Volver a contar

Superlibro

CALLE DE LA LECTURA EN LÍNEA
ORDENACUENTOS
www.CalledelaLectura.com

Piensa, habla y escribe

1. ¿Qué te gustaría hacer en una aventura en la Antártida? **El texto y tú**

2. ¿Qué no verías en la Antártida?

Clasificar y categorizar

3. Mira de nuevo y escribe.

Objetivos
• Entender y usar palabras que nombren acciones, direcciones, posiciones, secuencias y lugares.
• Escuchar atentamente, mirando a la otra persona, y hacer preguntas para aclarar la información.

¡Aprendamos!

Vocabulario
● Habla de las ilustraciones.
■ Muestra dónde queda el norte en el mapa.
▲ Muestra dónde está el sur, el este y el oeste.

Escuchar y hablar
● Nombra los personajes de los cuentos.

Vocabulario

Dirección

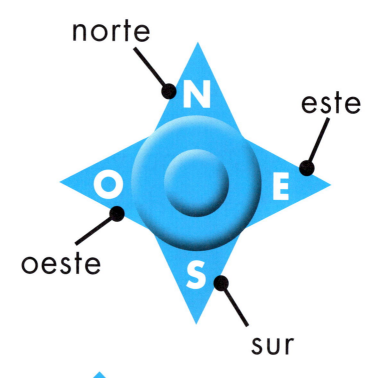

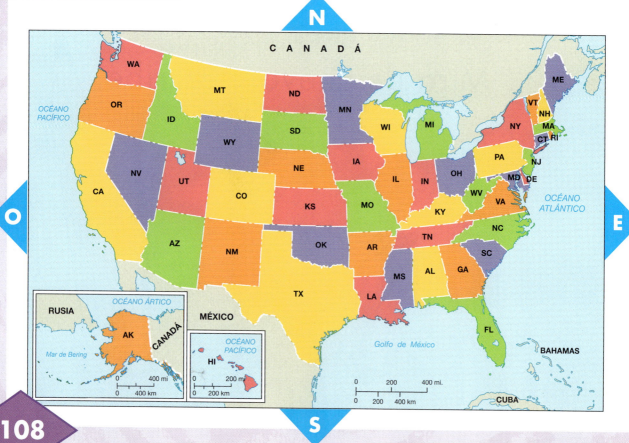

108

Escuchar y hablar

Elementos literarios: Personajes

¡Sé un buen oyente!

Veinte ratones

Objetivos
- Decir una palabra que rime con otra.
- Responder al ritmo y a la rima, marcar el compás y reconocer rimas.
- Comentar las razones de leer y escuchar diversos tipos de textos.

¡Practícalo!

Rima infantil

- Escucha la rima.
- Recítala. Marca el ritmo con palmadas.
- ¿Qué palabras riman? Di otra palabra que rime con cada par.
- ¿Por qué nos gustar oír y leer rimas?

Objetivos
- Reconocer grupos de palabras que empiezan con el mismo sonido.
- Combinar sonidos para formar sílabas y palabras.

Conciencia fonológica

Escuchemos

Sonidos

● Di: "El karaoke de Katia". ¿Qué sonido se repite?

■ Escucha estas palabras: *kimono/masa; kiosco/koala*. ¿Qué par de palabras empiezan con el mismo sonido?

▲ Combina estos sonidos: /k/ /i/. ¿Qué sílaba forman? Sí, /ki/. Busca algo que empiece con /ki/.

CALLE DE LA LECTURA EN LÍNEA
VIDEO DE LA PREGUNTA PRINCIPAL
www.CalledelaLectura.com

Argumento

Objetivos
- Leer sílabas y palabras solas y en un texto.
- Deletrear palabras de una y de varias sílabas.

Kk

koala

CALLE DE LA LECTURA EN LÍNEA
TARJETAS DEL ALFABETO
www.CalledelaLectura.com

Fonética

Sílabas con *k*

Sonidos y sílabas que puedo combinar

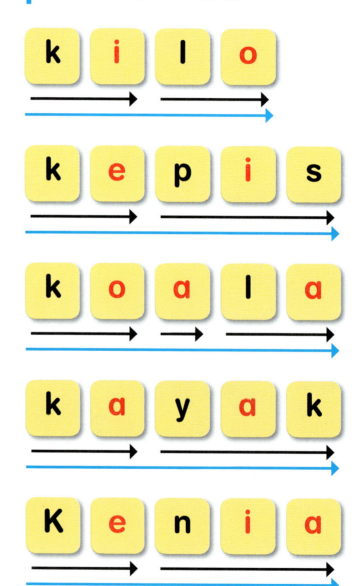

Palabras de uso frecuente

Palabras que puedo leer

ella

gusta

Oraciones que puedo leer

1. Kenia usa un kimono.
2. A ella le gusta el kepis.
3. Kati mira los koalas.

Objetivos
- Leer sílabas. • Leer sílabas y palabras solas y en un texto.
- Conocer el vocabulario adecuado al nivel del grado, con palabras de contenido y funcionales.

Fonética

Librito de fonética

- **Sílabas con *k***
  kermés
  kilos
  kimono
  koala
  Tokio

- **Palabras de uso frecuente**
  con
  de
  el
  ella
  es
  gusta
  la
  los
  mami
  me
  mira
  muy
  su
  un

▲ Lee el cuento.

CALLE DE LA LECTURA EN LÍNEA
LIBRITOS ELECTRÓNICOS DE FONÉTICA
www.CalledelaLectura.com

Librito de fonética 24

Karina en la kermés

por Daniela Martínez Vidal

118

Karina visita la kermés con su familia.

Una niña posa con un kimono de Tokio.

—Ella me gusta, mami.
¡Qué bella ropa!

El pato más pesado: ¡20 kilos!

—Mira a los chicos.
Juegan con el karaoke.

—Kari, ¿te regalo ese koala de peluche? Es muy bonito.

—Todo es bonito.
¡Cómo me gusta la kermés!

Objetivos
• Identificar el ambiente, los protagonistas y los sucesos clave de un cuento. • Volver a contar o representar sucesos importantes de los cuentos. • Hacer conexiones entre lo leído y las experiencias personales, las ideas de otros textos y la comunidad, y comentar evidencia del texto.

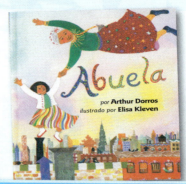

Libro

¡Imagínalo! | Volver a contar

CALLE DE LA LECTURA EN LÍNEA
ORDENACUENTOS
www.CalledelaLectura.com

Piensa, habla y escribe

1. ¿Por qué es especial la aventura de Abuela y de Rosalba? ¿Cómo podemos tener aventuras así? **El texto y el mundo**

2. ¿Dónde sucede *Abuela*?

Elementos literarios: Ambiente

3. Mira de nuevo y escribe.

Objetivos
• Escuchar atentamente, mirando a la otra persona, y hacer preguntas para aclarar la información. • Seguir las normas de conversación, hablar cuando toque el turno y hablar una persona a la vez.

Vocabulario

Tiempo

¡Aprendamos!

Vocabulario

- Habla de la ilustración.
- ¿Qué día de la semana es hoy?
- ¿En qué mes es tu cumpleaños?

Escuchar y hablar

- Di unas palabras de un poema, una canción o una rima.

mes

Marzo

Domingo	Lunes	Martes	Miércoles	Jueves	Viernes	Sábado
		1	2	3	4	5
6 (día)	7	8	9	10	11	12
13	14	15	16	17	18	19
20 (semana)	21	22	23	24	25	26
27	28	29	30	31		

128

Escuchar y hablar

Poemas

¡Sé un buen oyente!

Objetivos
- Hacer y contestar preguntas sobre textos leídos en voz alta.
- Decir de qué trata un artículo basándose en las palabras y/o las ilustraciones, y dar detalles.
- Comentar cómo organizan la información de un artículo los autores.

¡Practícalo!

Texto expositivo

- Escucha la selección.
- ¿De qué trata?
- ¿Qué país nos dio la Estatua de la Libertad?
- ¿Qué detalles nos da el autor sobre la estatua?
- ¿Qué preguntas se te ocurren después de leer la selección?

La Estatua de la Libertad

Glosario ilustrado

Medios de transporte

avión

bicicleta

camión

carro

autobús

camioneta

bote

tren

Colores

Glosario ilustrado

Figuras

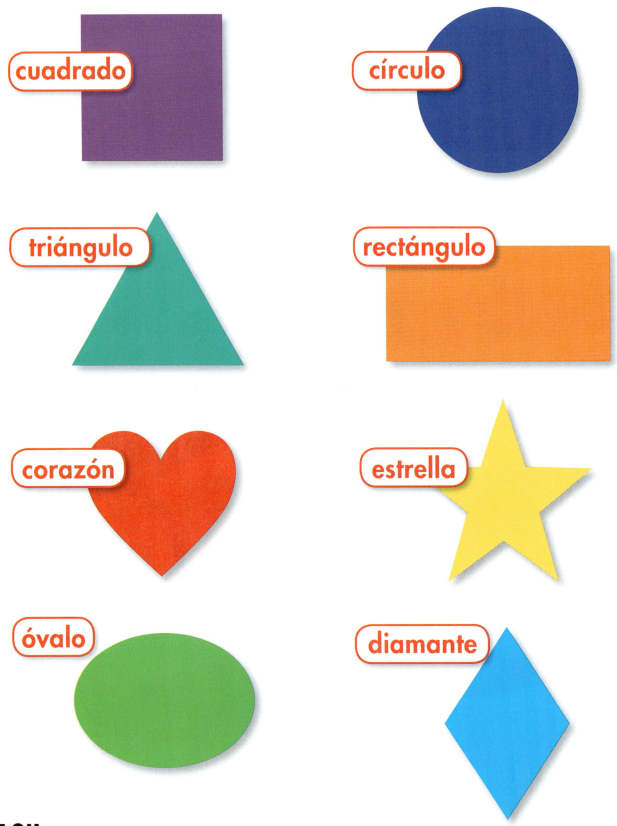

Lugares

escuela

casa

parque

estación de tren

estación de policía

estación de bomberos

oficina de correos

biblioteca

Glosario ilustrado

Animales

136

Glosario ilustrado

Acciones

subir

caminar

correr

volar

nadar

montar

saltar

bajar

Glosario ilustrado

Mi clase

140

Glosario ilustrado

Emociones

feliz

asustado

preocupado

entusiasmada

enojado

orgullosa

triste

sorprendida

Reconocimientos

Illustrations

Cover: Rob Hefferan
12, 99-105 Colleen Madden
19-25, 119-125 Daniel Griffo
30 Vanessa Newton
32 Nan Brooks
39-45 Eldon Doty
52 Jannie Ho
59-65 Paul Eric Roca
72 Anthony Lewis
79-85, 112 Stephen Lewis
88, 129 George Ulrich
92 Jomike Tejido
110 Remy Simard.

Photographs

Every effort has been made to secure permission and provide appropriate credit for photographic material. The publisher deeply regrets any omission and pledges to correct errors called to its attention in subsequent editions.

Unless otherwise acknowledged, all photographs are the property of Pearson Education, Inc.

Photo locators denoted as follows: Top (T), Center (C), Bottom (B), Left (L), Right (R), Background (Bkgd)

10 ©Mario Lopes/Alamy

48 (C) ©Chris Amaral/Getty Images, (BR) ©Fusion Pix/Corbis, (T) ©Vincenzo Lombardo/Getty Images, (B) Dave king/©DK Images

130 ©Thinkstock/Corbis

131 (TR, BR) ©Peter Bennett/Ambient Images, Inc., (BL) ©Jochen Tack/Peter Arnold, Inc., (TL) PhotoLibrary Group, Ltd.

132 (CR) ©Basement Stock/Alamy, (TR, TL, TC, BL) Getty Images

133 (B) Getty Images

135 (BR) ©Andersen Ross/Getty Images, (BCL) ©Guillen Photography/Alamy Images, (BCR) ©Kinn Deacon/Alamy Images, (TCR) Photos to Go/Photolibrary

136 (TC, BCL) Getty Images

137 (BL) Getty Images

138 (TR) ©Rubberball Productions, (BC) Photos to Go/Photolibrary, (TC) Steve Shott/©DK Images

139 (TR, TC) ©Max Oppenheim/Getty Images, (CR, BR) Getty Images, (C, BL) Rubberball Productions

142 (CR) ©Ellen B. Senisi, (BL) ©Simon Marcus/Corbis, (TR, TL) Getty Images, (TC) Jupiter Images, (C) Photos to Go/Photolibrary, (BR) Rubberball Productions.